中华名人故事图画书

山东城市出版传媒集团·济南出版社

墨子
的故事

图 邵家声
文 刘佩德

图书在版编目（CIP）数据

墨子的故事/邵家声，刘佩德著.—济南：济南出版社，2023.2
（中华名人故事图画书）
ISBN 978-7-5488-5301-5

Ⅰ.①墨… Ⅱ.①邵… ②刘… Ⅲ.①墨翟（前468—前376）—生平事迹—青少年读物 Ⅳ.① B224-49

中国版本图书馆 CIP 数据核字（2022）第 214244 号

墨子的故事
MOZI DE GUSHI

出 版 人	田俊林
责任编辑	班 经
封面设计	焦萍萍
出版发行	济南出版社
地　　址	山东省济南市二环南路1号
邮　　编	250002
印　　刷	济南新先锋彩印有限公司
版　　次	2023年2月第1版
印　　次	2023年4月第1次印刷
成品尺寸	170 mm×240 mm　16开
印　　张	5.25
字　　数	32千字
书　　号	ISBN 978-7-5488-5301-5
定　　价	39.80元

（济南版图书，如有印装错误，请与出版社联系调换。联系电话：0531-86131736）

从一个家道中落的青年
成长为开拓一派思想的宗师
墨子的一生,慷慨而传奇
兼爱是他的理想,非攻是他的追求
他的智慧、辩才和技艺
在墨彩交错中鲜明而立体
一起来感受他思想的理性与博爱
品酌他内心的"侠"与"义"

墨子的先祖是春秋时期宋国的公子目夷，
字子鱼，任宋国左师，著名的政治家和军事家。
目夷死后，其子公孙友担任左师。
后来，公孙友的儿子鱼石又担任了左师。
公元前576年，
宋国公族内讧，鱼石失败，退到了一个叫彭城的地方。

明乎天下之所以乱者，生于无政长。　《墨子·尚同上》

04

中华名人故事图画书

官无常贵，而民无终贱。　《墨子·尚贤上》

公元前572年,
宋国会同晋国等几个诸侯国围攻彭城。
鱼石向晋国投降后,被安置在晋国一个叫瓠(hù)丘的地方。
这样,墨子的先祖便在晋国定居下来。
这件事在历史上被称为墨氏迁晋。
墨氏中的一支后来迁移到小邾(zhū)国(位于今山东枣庄),
渐渐由贵族沦为平民。

大约在公元前468年，

墨子出生在小邾国一个平民家庭。

由于家庭贫困，墨子小时候做过牧童，学过木工。

尽管如此，他仍然接受了一定程度的文化教育。

随着时间的流逝，墨子渐渐感到知识不足，

决心拜访天下名师，学习治国之道。

07

墨子的故事

以学为无益也教，悖。 《墨子·经说下》

周平王曾应鲁国国君要求,
派掌管"郊庙之礼"的史官史角到鲁国讲授宗庙祭祀的礼仪。
史角被鲁惠公留在鲁国,其后代也在鲁国定居。
因此,周朝的礼乐文化便在鲁国流传下来。
墨子在鲁国跟随史角的后人学习周礼,
像其他儒者一样,诵读《诗》《书》,演习礼仪。

万事莫贵于义。　《墨子·贵义》

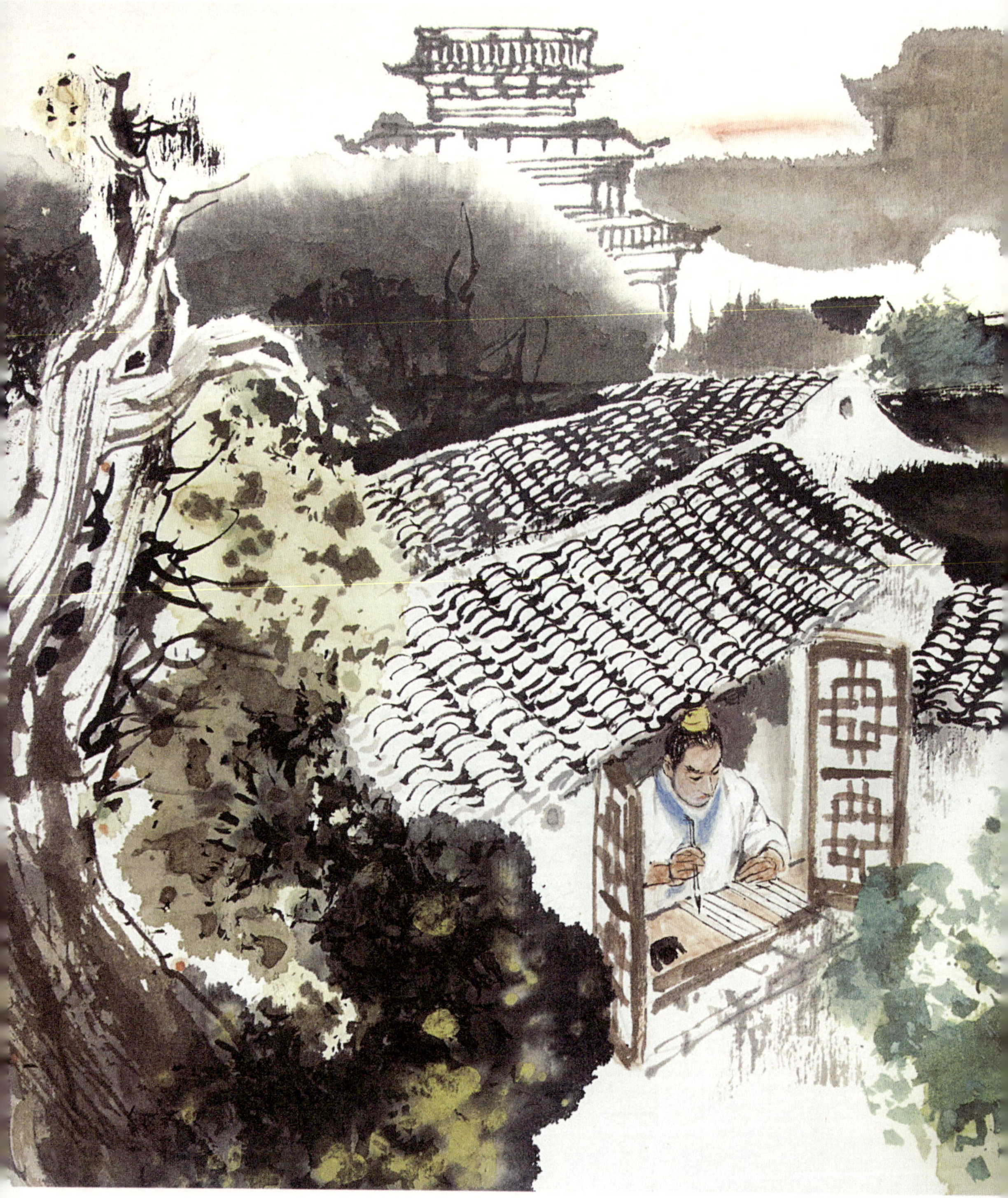

通过不断学习,
墨子逐渐感到儒家礼仪过于烦琐,
对儒家思想产生质疑,
并最终放弃学习儒学。
他继续漫游各国,
寻找自己理想中的思想学说。
在漫游的过程中,
墨子搜集到许多典籍,
他觉得有必要潜心研究这些典籍,
形成自己的见解。
于是,墨子便带着这些典籍回到家乡,
开始苦心钻研。

谨其言,
慎其行,
精其思虑,
索天下之隐事遗利。
《墨子·尚贤中》

墨子不仅潜心钻研政治文献,
还根据时代的需要,
从兵书中揣摩作战的技巧,
并且练习武艺。
在经过一段时间的潜心研究后,
他逐渐形成了自己的见解。
面对战乱的局面,
他决定走出家乡,
宣传自己的主张。
于是,墨子背着长剑,
怀着一颗救世的雄心,
走上了艰辛的传道之路。

天下有义则生,
无义则死;
有义则富,
无义则贫;
有义则治,
无义则乱。
《墨子·天志上》

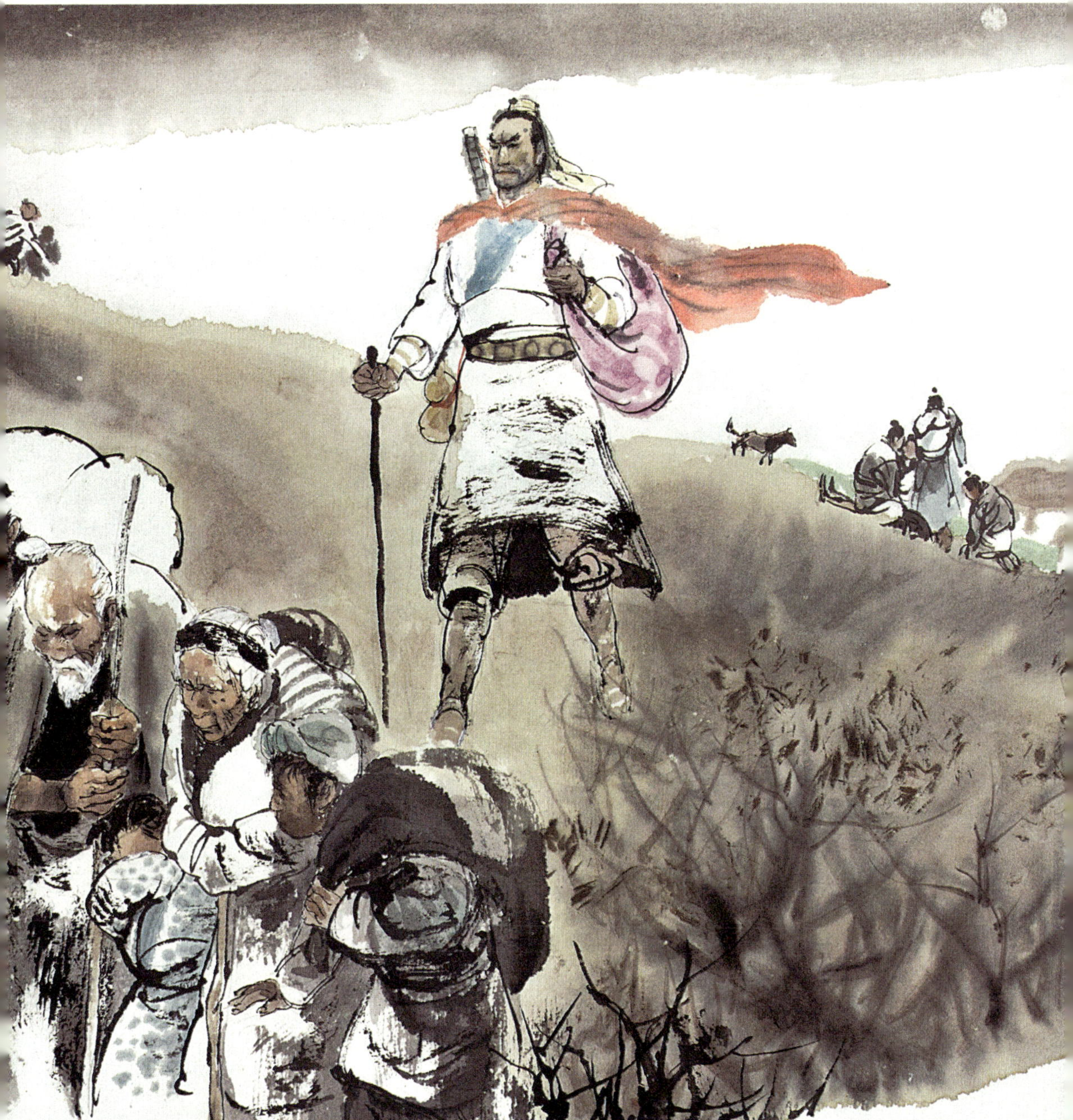

别非而兼是者，出乎若方也。　　《墨子·兼爱下》

墨子不断宣传他的思想，
并制定了很多规则，
还收了很多弟子，如禽滑釐（qín gǔ lí）、高石子、高何等，
墨家逐渐成为一个强大的团体。
像他自己当年一样，
墨子不仅要求弟子们学习文化知识，
还要他们学习作战的技巧，练习武术。
这不仅是为了保护自己的人身安全，
也是为了能更好地阻止暴力的发生。

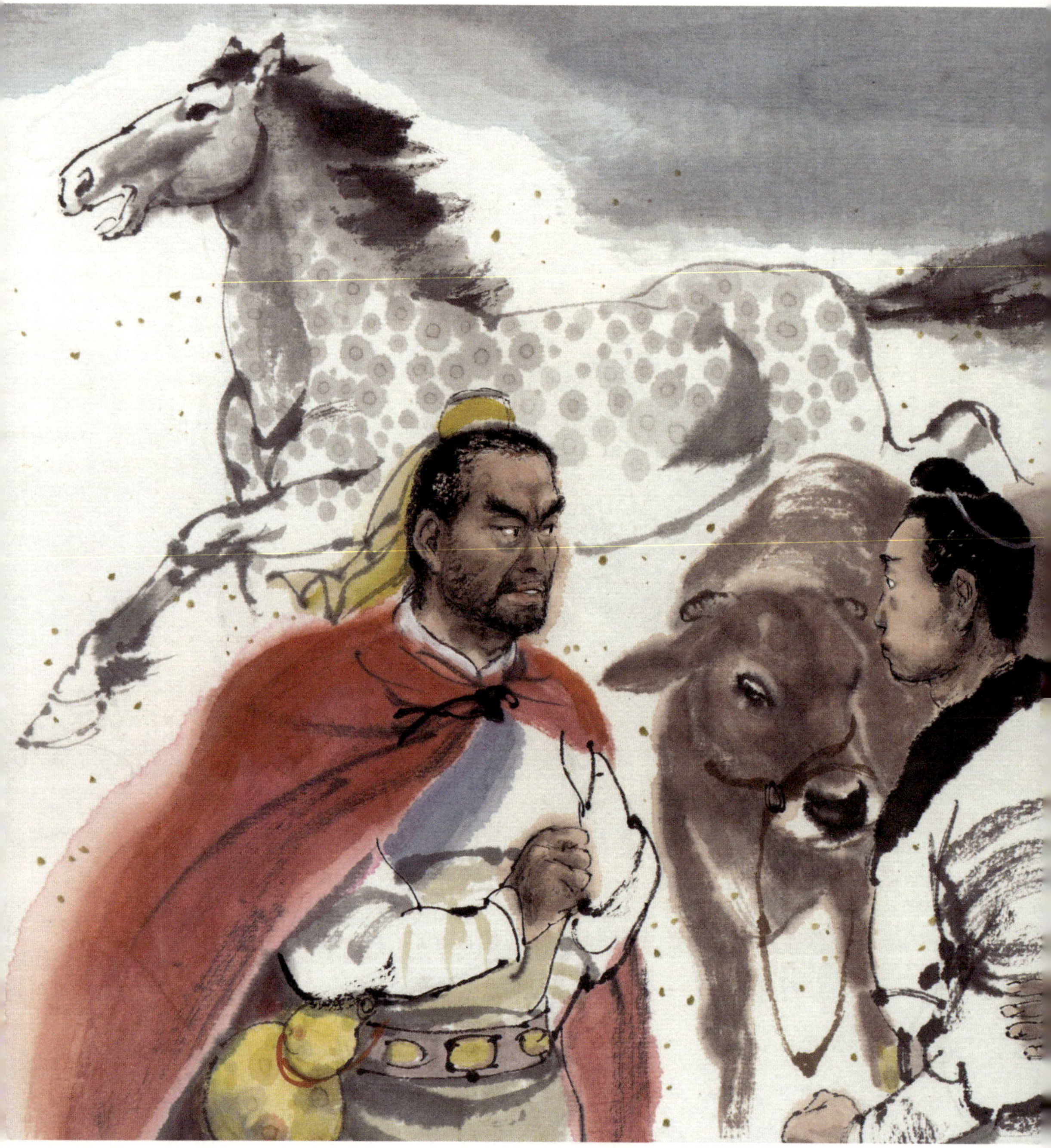

墨子管教弟子很严,
有一次他朝弟子耕柱子发怒。
耕柱子问:
"难道我就没有胜过别人的地方吗?"
墨子说:
"假如我要到太行山去,
用一匹良马或一头牛来驾车,
你准备驱策哪一种呢?"
耕柱子答道:
"我当然会用良马了。"
墨子问:
"为什么要驱策良马,而不驱策牛呢?"
耕柱子说:
"因为良马可以负得起责任。"
墨子说:
"我也认为你能担得起责任,
所以才批评你。"

志不强者智不达,
言不信者行不果。
《墨子·修身》

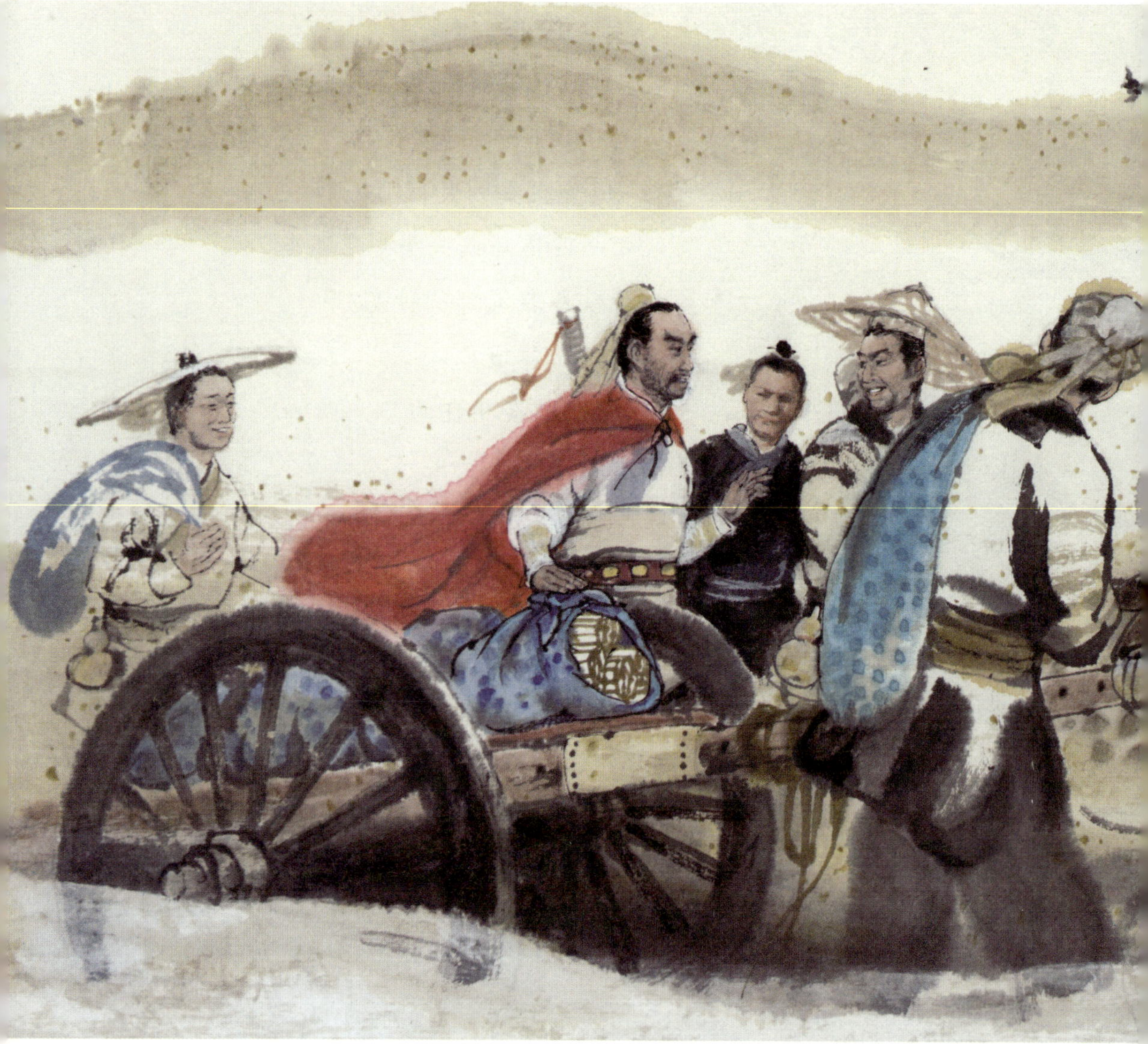

即使在游历各国传道的过程中,
墨子也勤读不辍。
有一次,
墨子率弟子到卫国去游说,
车上载书甚多。
他的弟子弦唐子感到奇怪,
问墨子带书何用。
墨子说:
"过去周公每天早上要读书百篇,
晚上还要接见七十个读书人,
所以他辅佐天子,传名至今。
我上没有国君委任的职事,
下没有耕田种地的艰难,
怎么敢不读书呢?"

故古者圣王之为政,
列德而尚贤。
《墨子·尚贤上》

在鲁国，墨子很快得到鲁国国君的信任，
并成为鲁国的重要谋士。
不论国事还是家事，鲁国国君都会向墨子请教。
有一天，鲁国国君向墨子请教怎样才能避免齐国的进攻。
墨子先列举了夏、商、周三代仁君与暴君的事迹，

今若使天下之人偕若信鬼神之能赏贤而罚暴也,则夫天下岂乱哉!

——《墨子·明鬼下》

最后告诉鲁国国君:
"对上尊重上天、敬事鬼神,对下爱护百姓,
用丰厚的财物和谦恭的辞令礼交四邻的诸侯,
并驱使全国民众上下同心,才能共同抵御齐国的侵略。
这样,就可以解除祸患。"

鲁国国君有两个儿子，
一个非常喜欢学习，
另一个则喜欢跟别人分享财物。
他不知道应该立谁为太子，便向墨子请教。
墨子对鲁君说：
"凭此还不能确定。二人也许是为着赏赐和名誉而这样做的。

就好比钓鱼的人弯着身子,并不是为了感谢鱼的恩赐;用食物作为捕鼠的诱饵,并不是因为喜爱老鼠。我希望您能把他们的动机和结果结合起来进行考察。"

爱民谨忠,利民谨厚。 《墨子·节用中》

若使天下兼相爱，爱人若爱其身，犹有不孝者乎？　　《墨子·兼爱上》

墨子从鲁国去往齐国,
顺路看望了一位朋友。
朋友劝墨子:
"现在天下没有人讲仁义,
唯独你追求仁义,
还是停止吧。"
墨子却说:
"现在有十个人,
只有一个人耕种,
九个人都闲着。
那么,
那个耕种的人就应该更加努力才行,
因为吃饭的人多,
耕种的人少啊。"
他还说:
"现在天下讲求仁义的人没几个,
正因为这样,
讲求仁义的人才应该更加努力,
因为有几个人讲求仁义总比没有人讲求仁义要好,
否则天下就更乱了。"

古者有语曰："君子不镜于水,而镜于人。镜于水,见面之容;镜于人,则知吉与凶。" 《墨子·非攻中》

告别了友人,
墨子动身前往北方的齐国。
途中,他遇到一个占卜的人。
那人对墨子说:
"历史上的今天,
天帝在北方杀死黑龙。
你的肤色发黑,
不可到北方去。"
墨子没有理会他,
继续前行,
到了淄水因无法渡河,只好返回。
那个占卜的人得意地说:
"我对你说过不能到北方去。"
墨子回答道:
"现在淄水以南的人不能北去,
淄水以北的人不能南来,
他们的肤色有的黑,有的白,
为什么都不能如愿呢?
天帝分别在东、西、南、北方杀死
青、赤、白、黑四龙。
如果像你所说的,
那不是不让天下人出门了吗?"
占卜的人听了墨子的话,
无言以对。

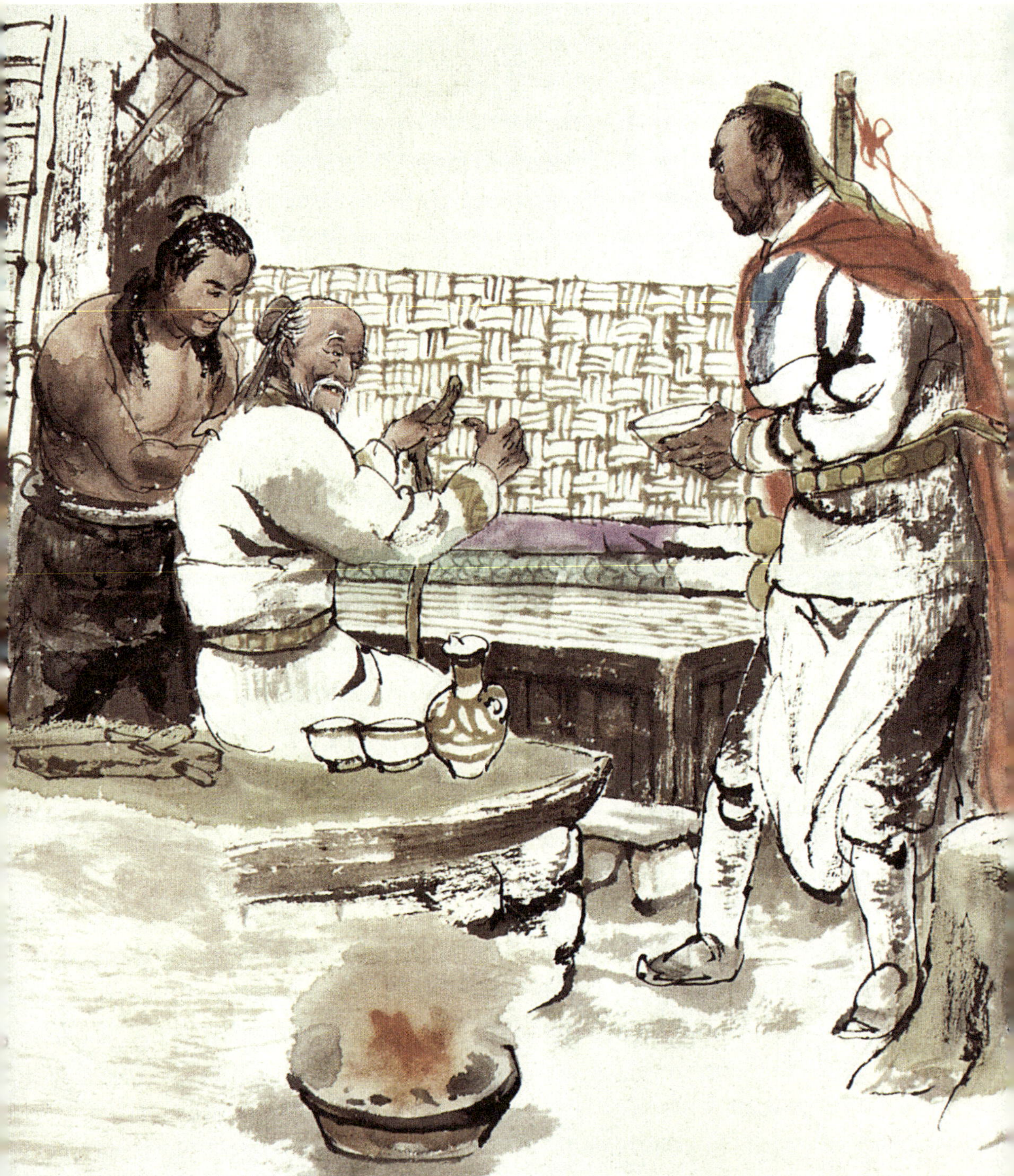

墨子带着他的弟子到楚国游历传道。
当时，楚国人跟越国人在大江作战，
鲁班制造出一种叫钩镶的武器，
当对方撤退时，用钩把他的船钩住；
当对方前进时，用镶把他的船顶住。
楚国人凭借这种武器打败了越国人。
鲁班见到墨子，对他夸耀起自己的功绩。
墨子听后，义正词严地进行反驳，
表达了主张和平、反对战争、鼓励人们相敬相爱的观点。

鲁班，春秋末战国初人，姬姓，公输氏，名班，人称公输盘、公输般、班输，又称鲁班或鲁般，是我国古代出色的工匠。

鲁班没有接受墨子的观点。

在墨子离开楚国后，

他面见楚王，

凭着自己出色的手工技艺，
很快得到楚王的信任，
并为楚王制作了一种叫云梯的作战工具。

公元前440年前后,楚国准备攻打宋国。

墨子听说了这件事,非常着急。

他一面安排大弟子禽滑釐带领三百名精壮徒弟,帮助宋国守城;
一面亲自出马,劝阻楚王发兵。

墨子忧心如焚,日夜兼程,即便鞋破脚烂也毫不在意,
十天后到达楚国的国都郢(今湖北江陵一带)。

一到楚国,他便面见鲁班,打算问问他这件事。

墨子的故事

仁人之所以为事者,
兴天下之利,
除去天下之害。
　　《墨子·兼爱中》

墨子对鲁班说:"北方有个人欺负我,我想请您帮我杀掉他,并给您十两金子作为报酬。"

鲁班说:"我是讲道义的,从来不胡乱杀人。"

墨子一听鲁班这样说,便赶紧抓住时机,

质问鲁班造云梯攻宋的事情,

> 义不杀少而杀众,不可谓知类。
> 《墨子·公输》

并对他说:"宋国本就没有罪,为什么要攻打它呢?
你不去劝止楚王却帮助他攻宋,
结果就会是杀害更多的人,这不能算是讲道义。"
鲁班听后表示赞同,
墨子便要求鲁班带他去面见楚惠王。

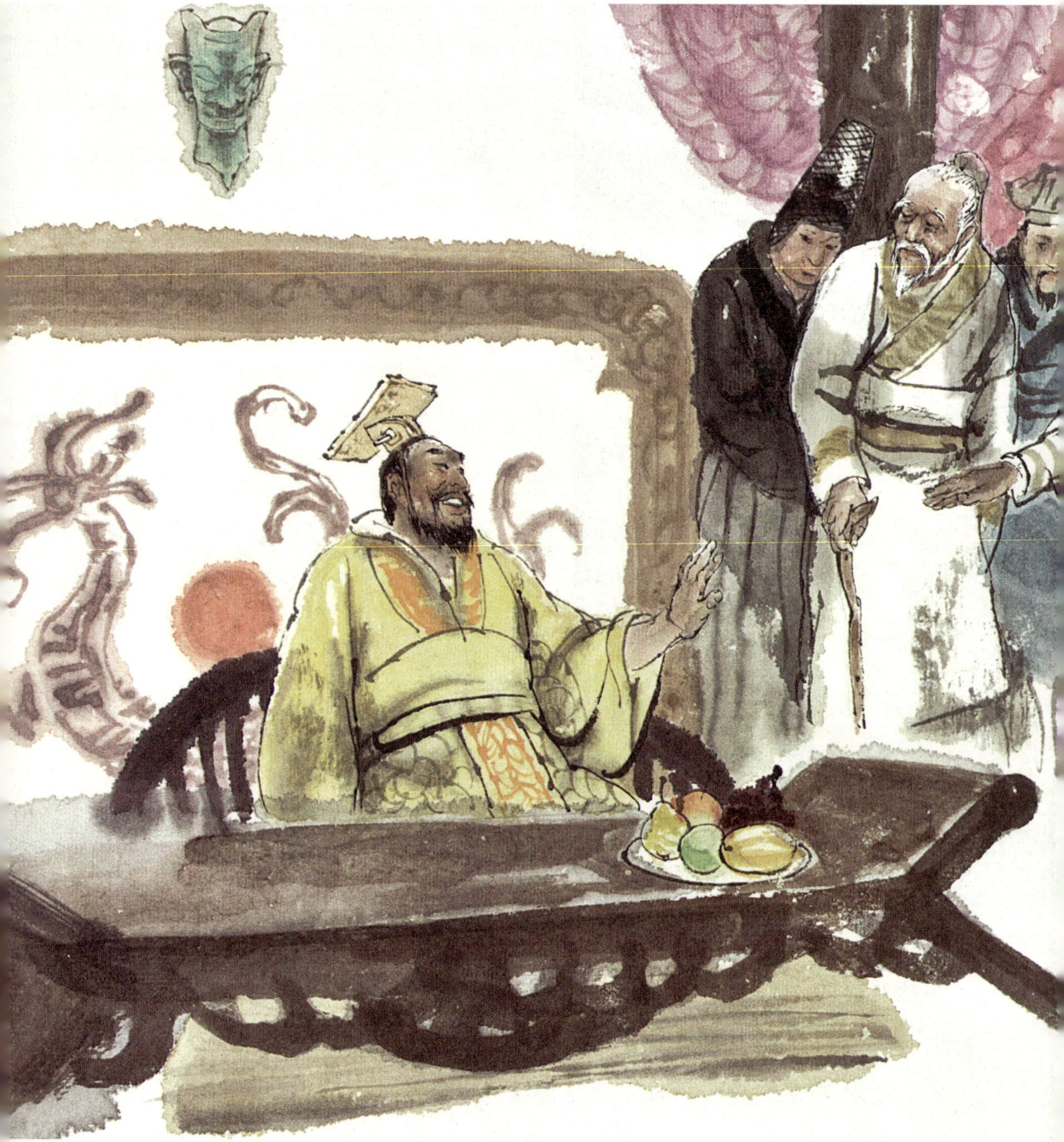

墨子见到楚惠王，问：
"有一个人，
舍弃华丽的车而偷窃别人的旧车，
舍弃华丽的衣服而偷窃别人破旧的衣服，
舍弃精美的饭菜而偷窃别人的糟糠，
这是一个什么样的人呢？"
楚惠王听了墨子的话，
马上回答说：
"他一定有偷窃病。"
墨子趁机对楚惠王说：
"楚国方圆五千里，
土地富饶，物产丰富，
而宋国疆域狭小，资源贫乏，
两相对比，
正如彩车与破车、锦绣与破衣。
您攻打宋国，
不是正同这个有偷窃病的人一样吗？
这样您一定会丧失道义，
并且失败。"

以兼相爱、交相利之法易之。

《墨子·兼爱中》

楚惠王听墨子这样说,
便回头看了一下鲁班,
并对墨子说:"你说得很对,
但是鲁班已经为我造好了攻城的器械,
我一定要攻打宋国。"
墨子便要求与鲁班比试一下,

我为天之所欲,天亦为我所欲。

《墨子·天志上》

墨子的故事

看看谁能赢。
鲁班接受了墨子的挑战。
在楚惠王面前,
墨子用衣带作为城墙,
用木片作为工具,
让鲁班展示他的云梯。

鲁班很快造好了一个小型的云梯，
开始了攻打宋国的模拟战争。
他首先用云梯搭上城墙，
用手模拟士兵，开始作战。
墨子不慌不忙，也用手模拟士兵，
用守御工具开始防御。
鲁班信心满满，
并不把墨子放在眼里，
但很快他便败下阵来。

古者有语：
谋而不得，则以往知来，
以见知隐。
谋若此，可得而知矣。
　　　　　《墨子·非攻中》

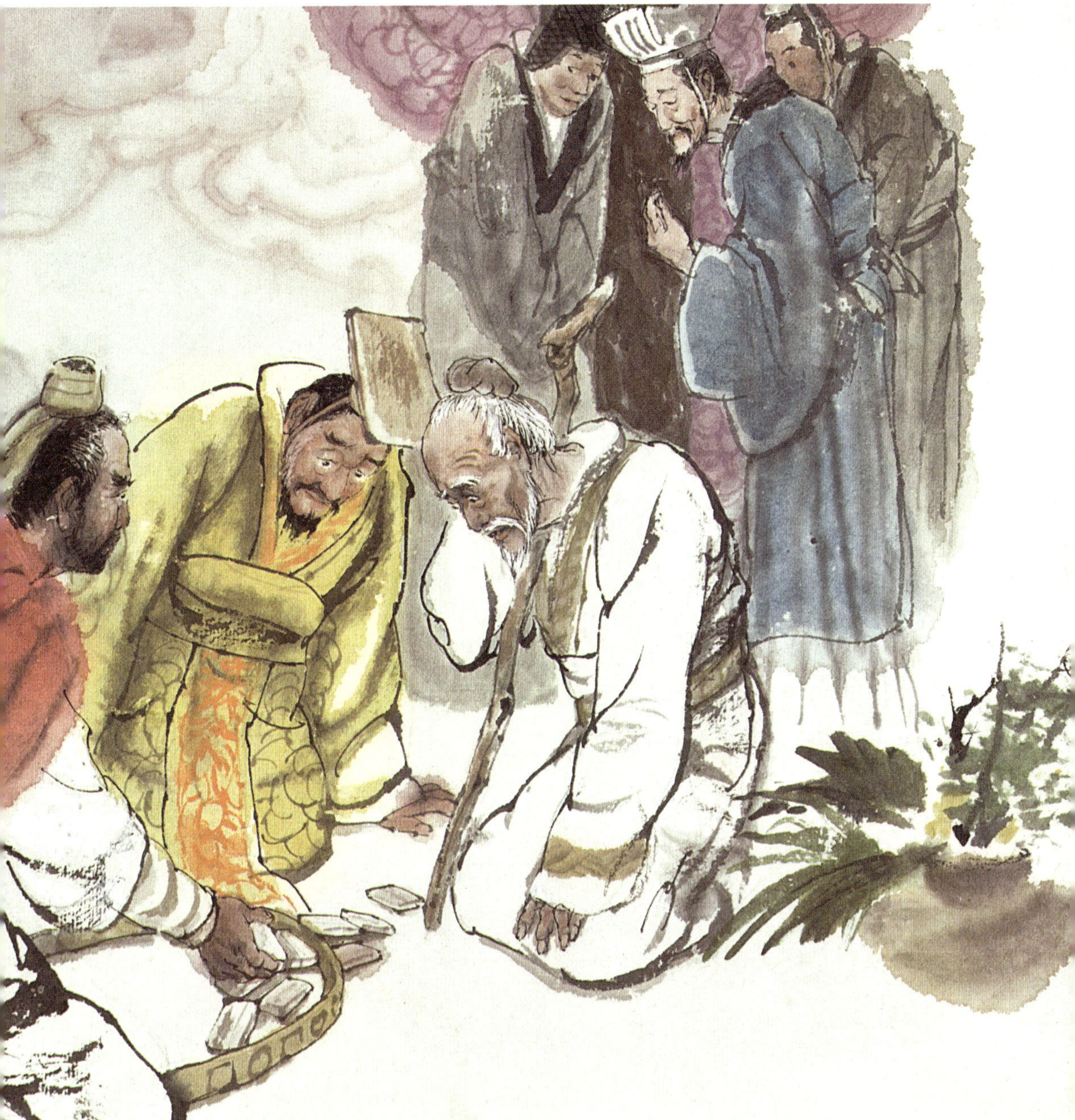

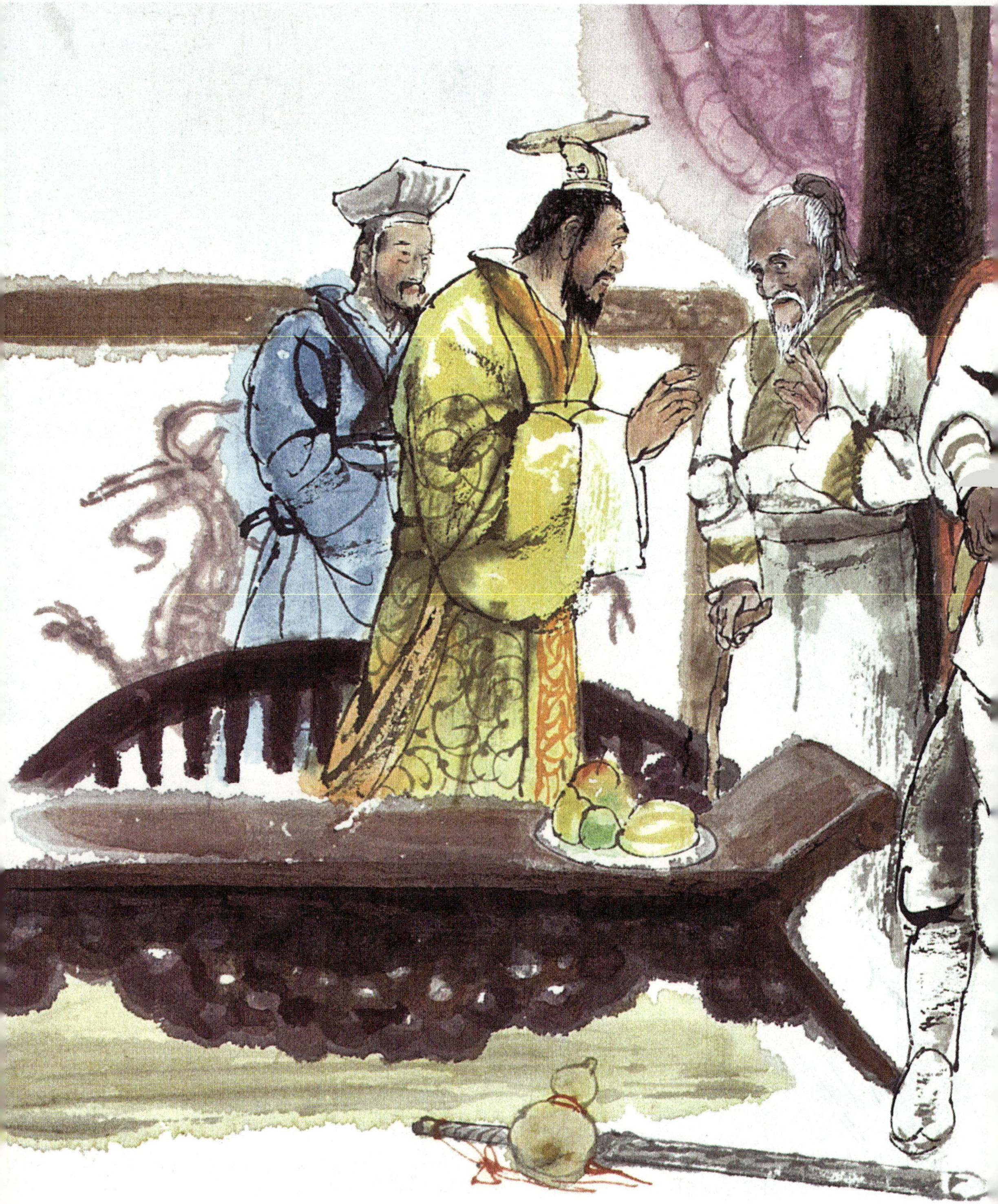

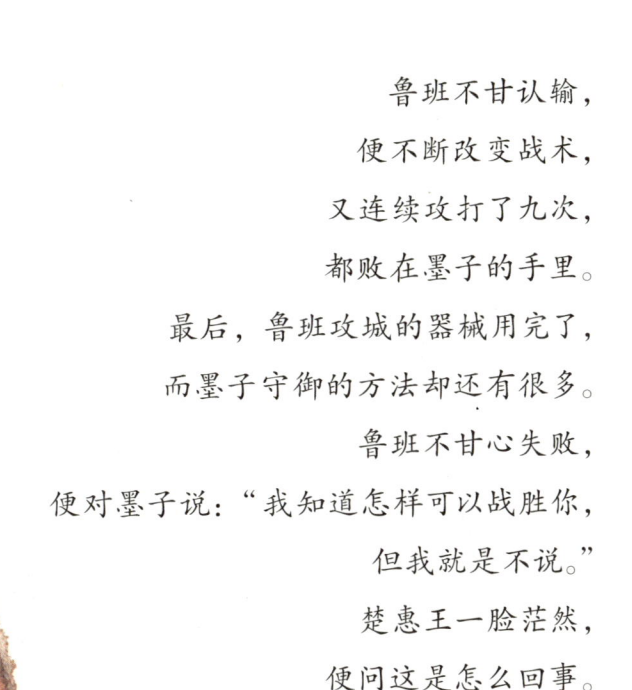

鲁班不甘认输，
便不断改变战术，
又连续攻打了九次，
都败在墨子的手里。
最后，鲁班攻城的器械用完了，
而墨子守御的方法却还有很多。
鲁班不甘心失败，
便对墨子说："我知道怎样可以战胜你，
但我就是不说。"
楚惠王一脸茫然，
便问这是怎么回事。

仁人以其取舍是非之理相告，
无故从有故也，
弗知从有知也，无辞必服，
见善必迁，何故相？
　　　　　　《墨子·非儒下》

墨子对楚惠王说:
"鲁班不过是想杀掉我。
但我的弟子禽滑釐等三百多人已经拿着守城的器械,
在宋国城墙上等待着楚国军队了。"
楚惠王听了很害怕,
便打消了攻打宋国的打算。
在墨子离开楚国前,
鲁班对墨子说:

墨子的故事

"还没有见到您的时候,
我想去攻打宋国。
自从我见到您之后,
便永远不会做攻打宋国这种不义的行为了。"

爱人者,人必从而爱之,利人者,人必从而利之。　　《墨子·兼爱中》

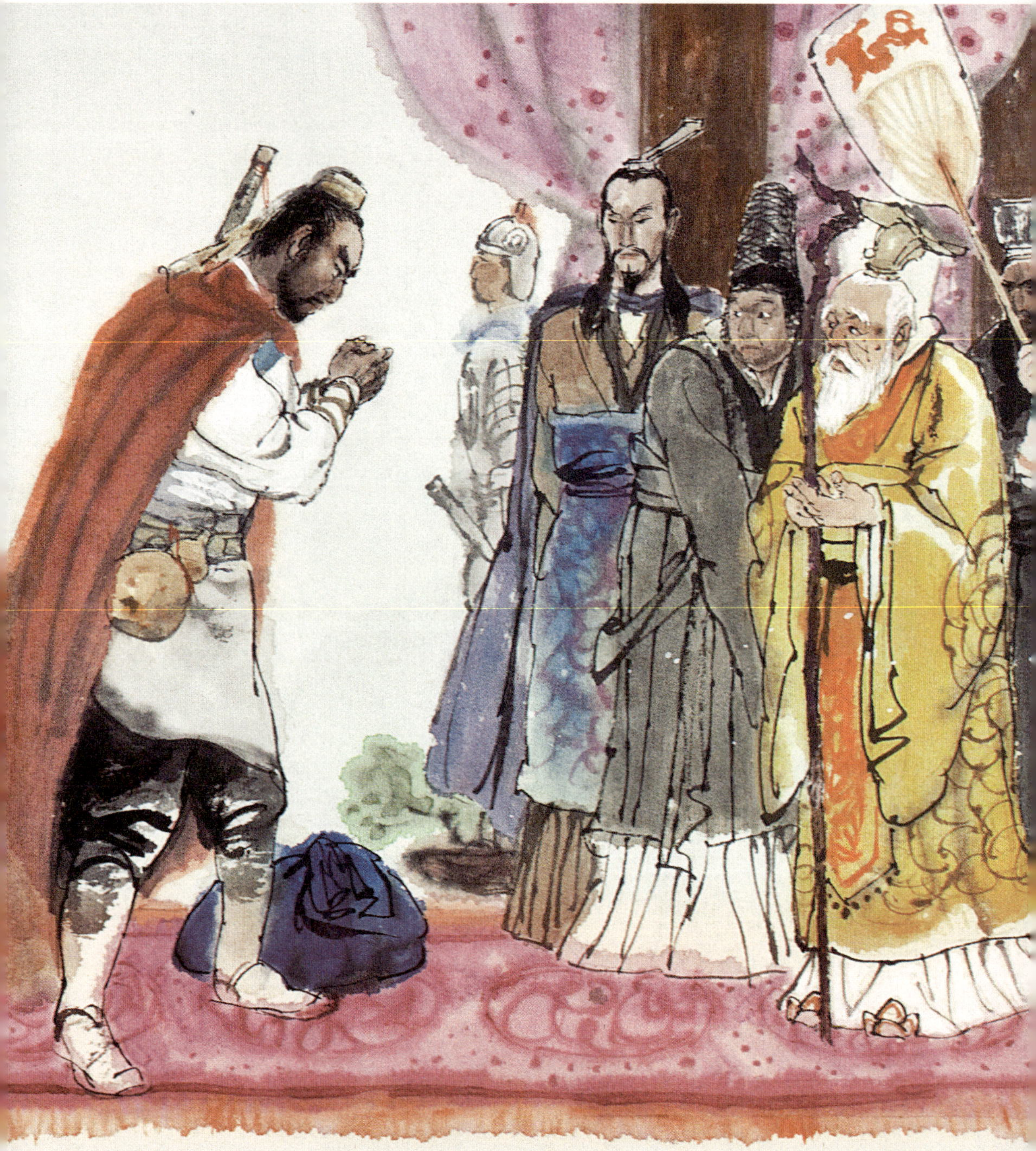

墨子止楚攻宋后，
献书给楚惠王，
陈述自己的主张。
楚惠王看了墨子的上书，
尽管非常赞同，
但仍委婉地拒绝了墨子，
他只愿意给墨子提供生活所需，
而不愿意采用他的意见。
墨子听了楚王的话，
便很有礼貌地拒绝了，
并对他说：
"我听说贤德的人进献意见，
如果不能施行就不会接受赏赐，
如果不能被接受就不该待在他的朝堂。
现在我的上书没有被采用，
还是请您让我离开吧。"

墨子的故事

昔有贤君，不爱无功之臣，
昔有慈父，不爱无益之子。
是故不胜其任而处其位，
非此位之人也；
不胜其爵而处其禄，非此禄之主也。

《墨子·亲士》

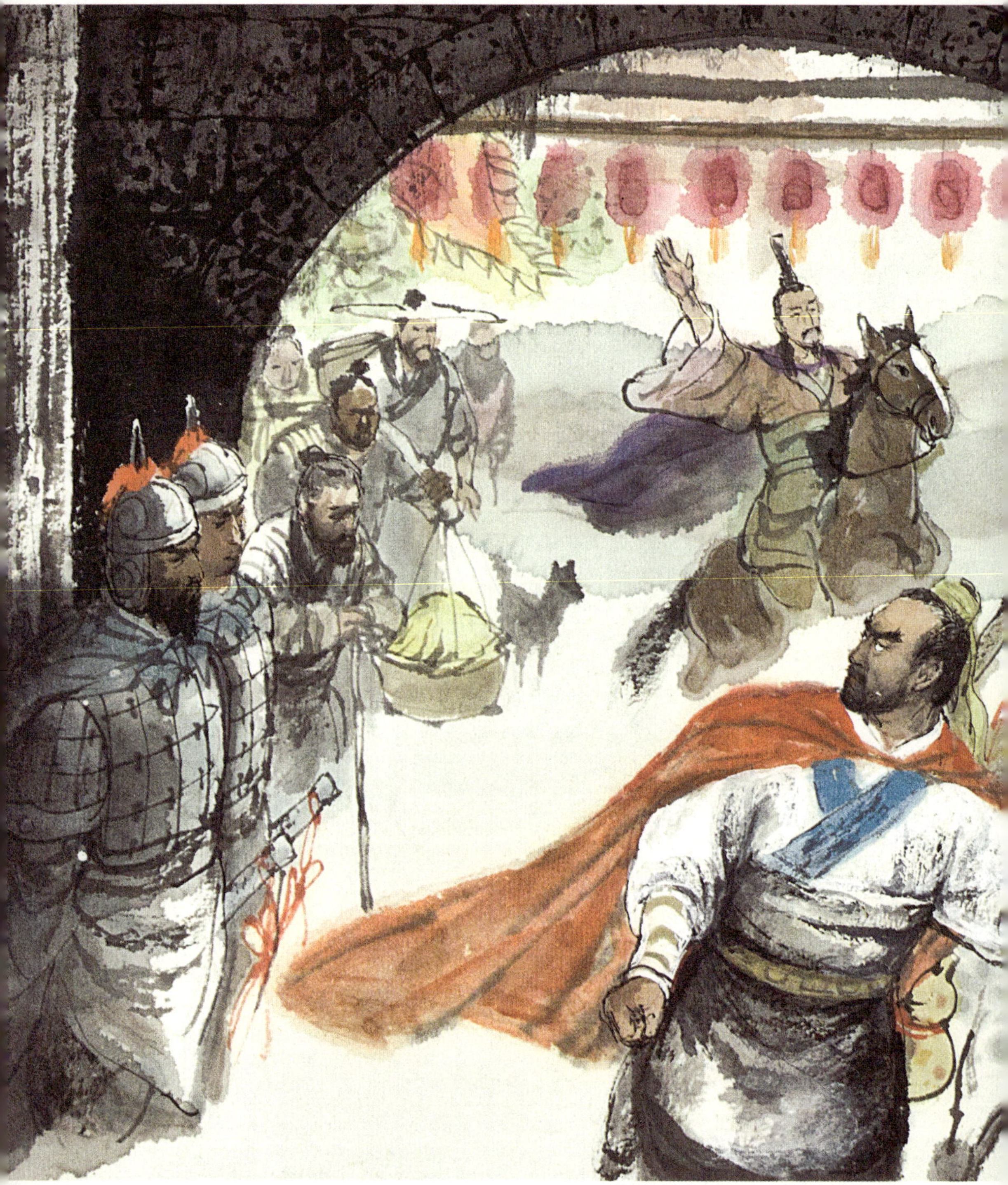

墨子想向楚惠王辞行,
楚惠王以年老为借口派大臣穆贺
代替自己去见墨子。
墨子见到穆贺,
就对他说了一番自己的见解。
穆贺听了很高兴,
对墨子说:
"你的话确实很有道理。
但是,君王是天下的国主,
他也许会认为这是无足轻重的人
出的主意而不采用吧。"

大人之务,将在于众贤而已。
《墨子·尚贤上》

墨子对穆贺说:"只要可以施行就是好的。

就好像草药一样,

一棵草的草根,

天子吃了就可以治好病,

墨子的故事

择即取兼。《墨子·兼爱下》

怎么能因为是草根而不吃呢？"
墨子知道在楚国不会有什么作为，
便离开楚国，
继续他的漫游历程。

楚国的大臣鲁阳文君对楚惠王说:"墨子是北方的圣人,
您不跟他见面,又不送给他礼物,
这是失去士人的做法。"
于是,楚惠王便派鲁阳文君追赶墨子,
想用土地封赏墨子,但墨子没有接受。

墨子的故事

鲁阳文君，又称鲁阳文子，即公孙宽，楚平王之孙。楚平王三年（前526）为司马，封地于鲁阳，鲁阳在今河南鲁山。

后来，墨子听说楚国想攻打郑国，
便又来到楚国，面见鲁阳文君。
墨子以鲁阳文君封地内大小城池互相攻战为例，
指出了大的城池攻夺小的城池的严重后果，
并问鲁阳文君："如果出现这种情况，您打算怎么办？"
鲁阳文君毫不犹豫地说："我必定重重地处罚他们。"

国家昏乱，则语之尚贤、尚同。　《墨子·鲁问》

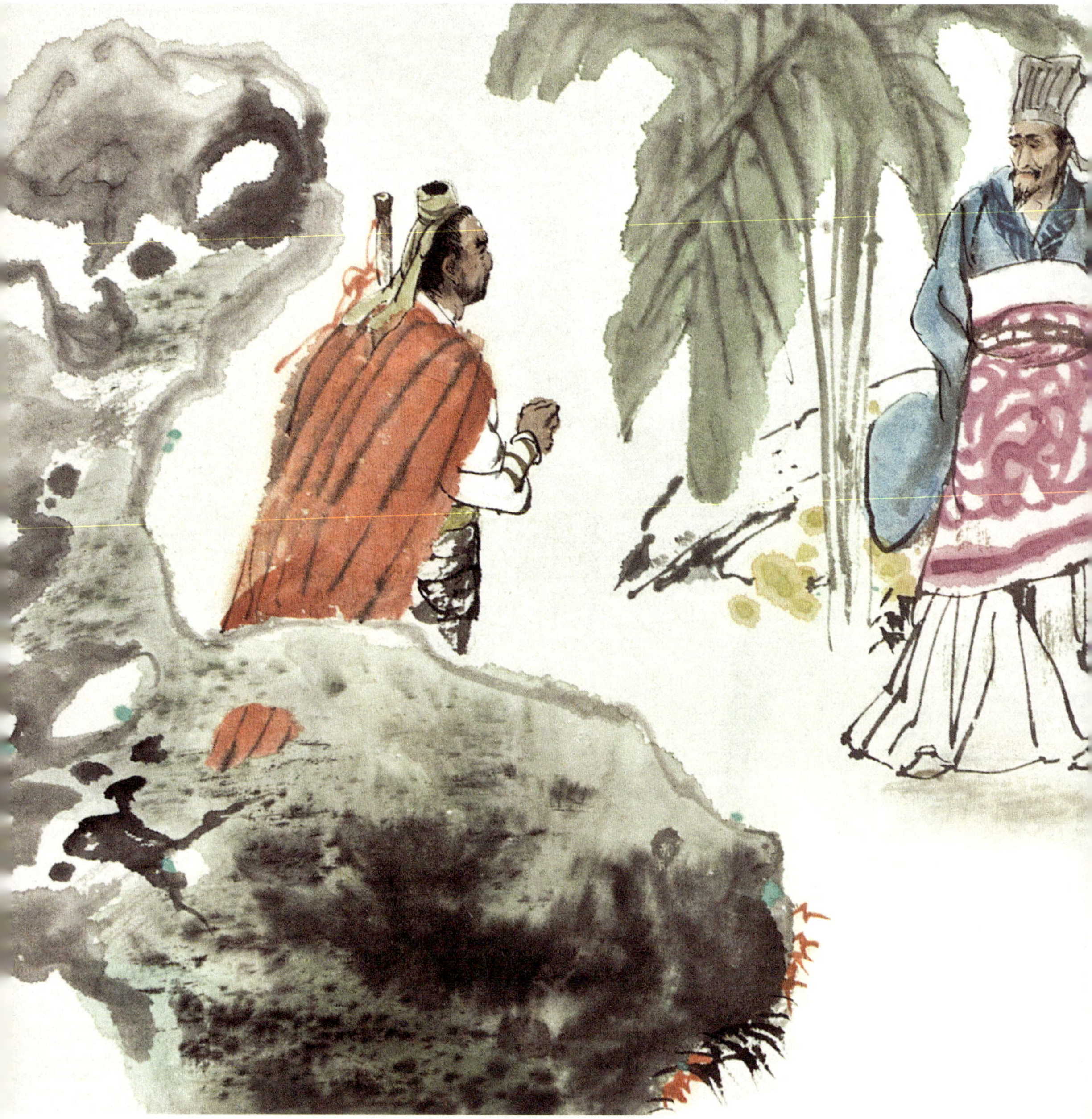

墨子抓紧时机指出鲁阳文君不应该攻打郑国，
鲁阳文君非常不乐意地问墨子：
"您为什么阻止我攻郑呢？
郑国人连续三代都杀死他们的国君，
上天都降罪给他们，
我这是替上天惩罚他们。"

能谈辩者谈辩，能说书者说书，
能从事者从事，然后义事成也。
《墨子·耕柱》

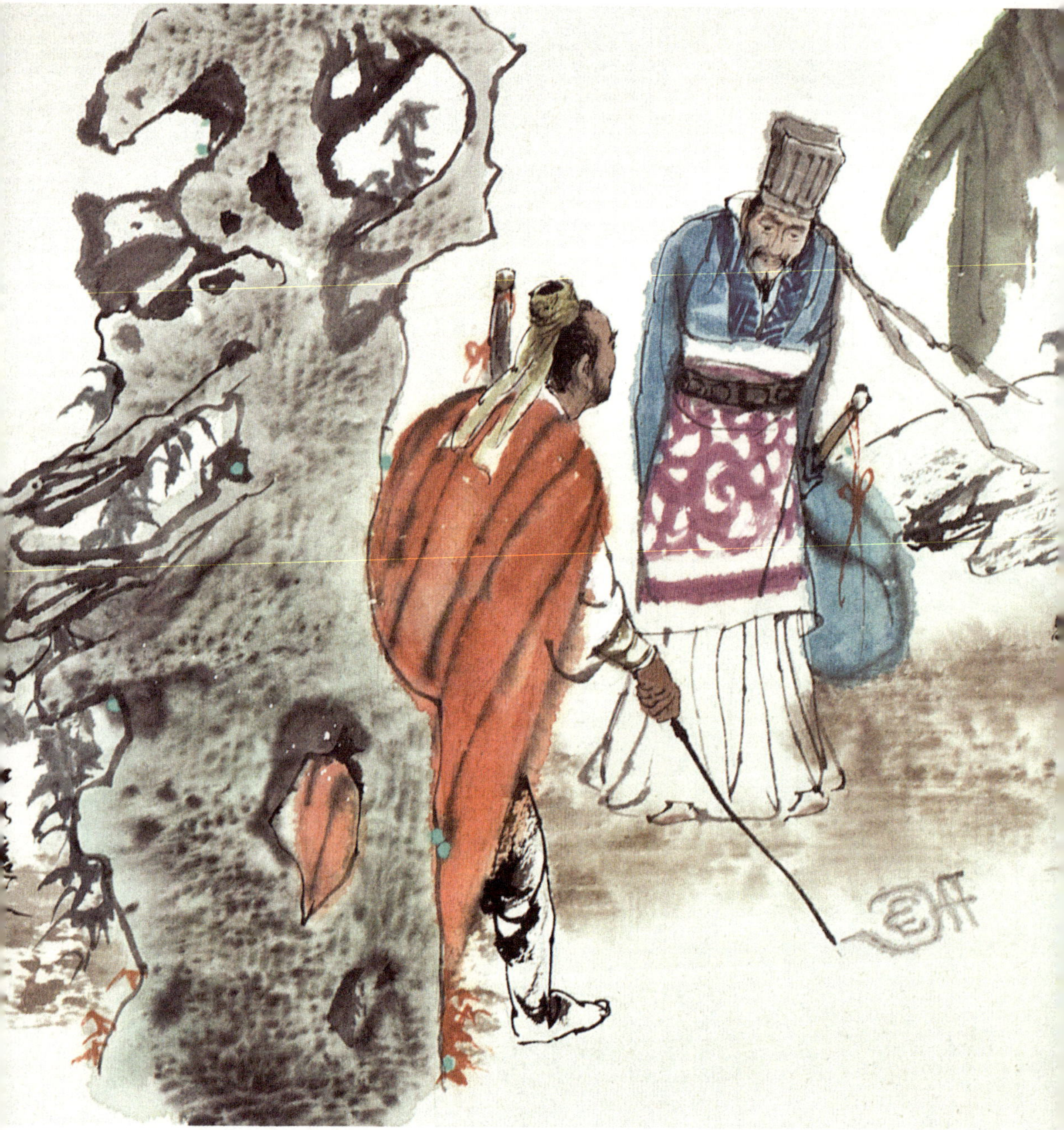

墨子又以父亲鞭打儿子为例,
对鲁阳文君说:
"如果父亲鞭打儿子,
邻居家的父亲也来一起鞭打,
还美其名曰是帮忙,
这不是违背常理吗?"
鲁阳文君听了墨子的话,
想了很长时间,
最终被墨子说服。

况又有贤良之士,
厚乎德行,
辩乎言谈,
博乎道术者乎,
此固国家之珍,
而社稷之佐也。
《墨子·尚贤上》

通过不断的游历，
墨家的队伍逐渐壮大，
形成了一个很大的团体，
他们被称为墨者。
墨子不仅外出宣传自己的主张，
还派弟子到各地去游历。

厚人不外己，爱无厚薄。　　《墨子·大取》

公尚过是墨子的弟子,
他被墨子派到越国去游说越国国君。
越王听了公尚过的话,很是赞赏,
并让公尚过回去请墨子来越国,

政者，口言之，身必行之。

《墨子·公孟》

墨子的故事

表示愿意用土地来封赏墨子。
公尚过带着越国使者和越王送的车马去见墨子，
眉飞色舞地向墨子讲述了自己在越国的经历，
并告诉墨子越王很想让墨子到越国去。

墨子听了公尚过的话，
却没有表现出如公尚过一样的高兴，
只是告诉公尚过："我们不能以封赏的多少来衡量，
而应该看越王是不是真正听从我们的建议。"
公尚过听后低头不语，
私下里找了个借口打发使者回越国去了。

法不仁，不可以为法。　　《墨子·法仪》

墨子的故事

高石子被墨子派到卫国去游说，
卫国的国君对高石子非常器重，
给了他高官厚禄。
高石子也非常尽职尽责，
经常给卫君提供有益的意见，
但是从来没有被卫君采纳过。
于是，高石子选择离开卫国。

夫知者，必量其力所能至而从事焉。　《墨子·公孟》

墨子的故事

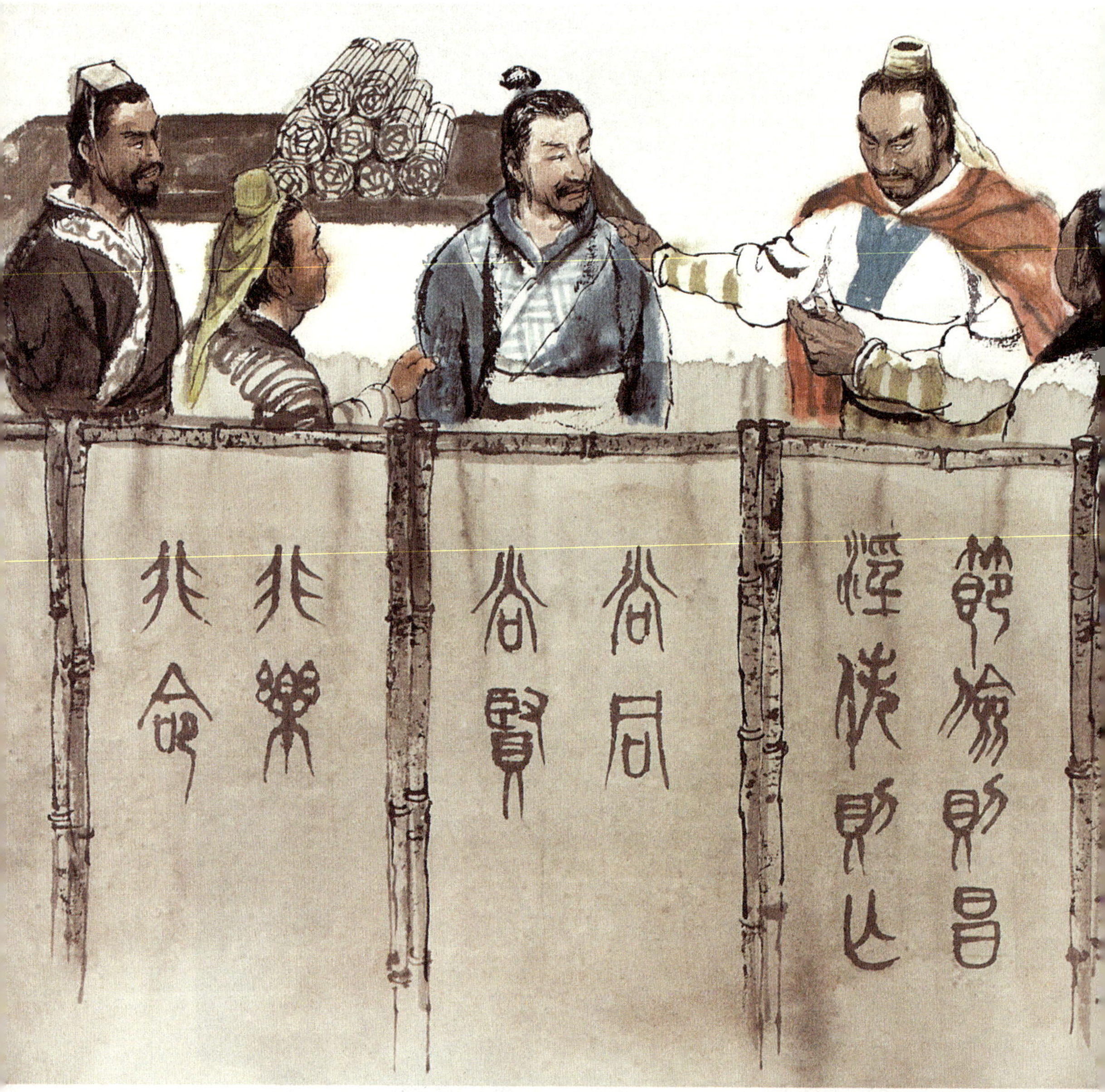
節儉則昌
淫佚則亾
尚同
尚賢
非樂
非命

高石子到齐国找到在那里传道的墨子,
向他说明情况,
并询问道:
"我经常向卫君上书,
但卫君从来没有采纳过我的意见,
于是我离开了卫国。
卫君会不会怪我太狂妄?"
墨子听了很高兴,
为他讲解了坚持道义的重要性,
并把禽滑釐等弟子叫过来,
对他们说:
"你们要好好记住啊,
我经常听说有背弃道义去追求厚禄的人,
而放弃厚禄追求道义的人,
我今天在高石子这里见到了。"

士虽有学,而行为本焉。 《墨子·修身》

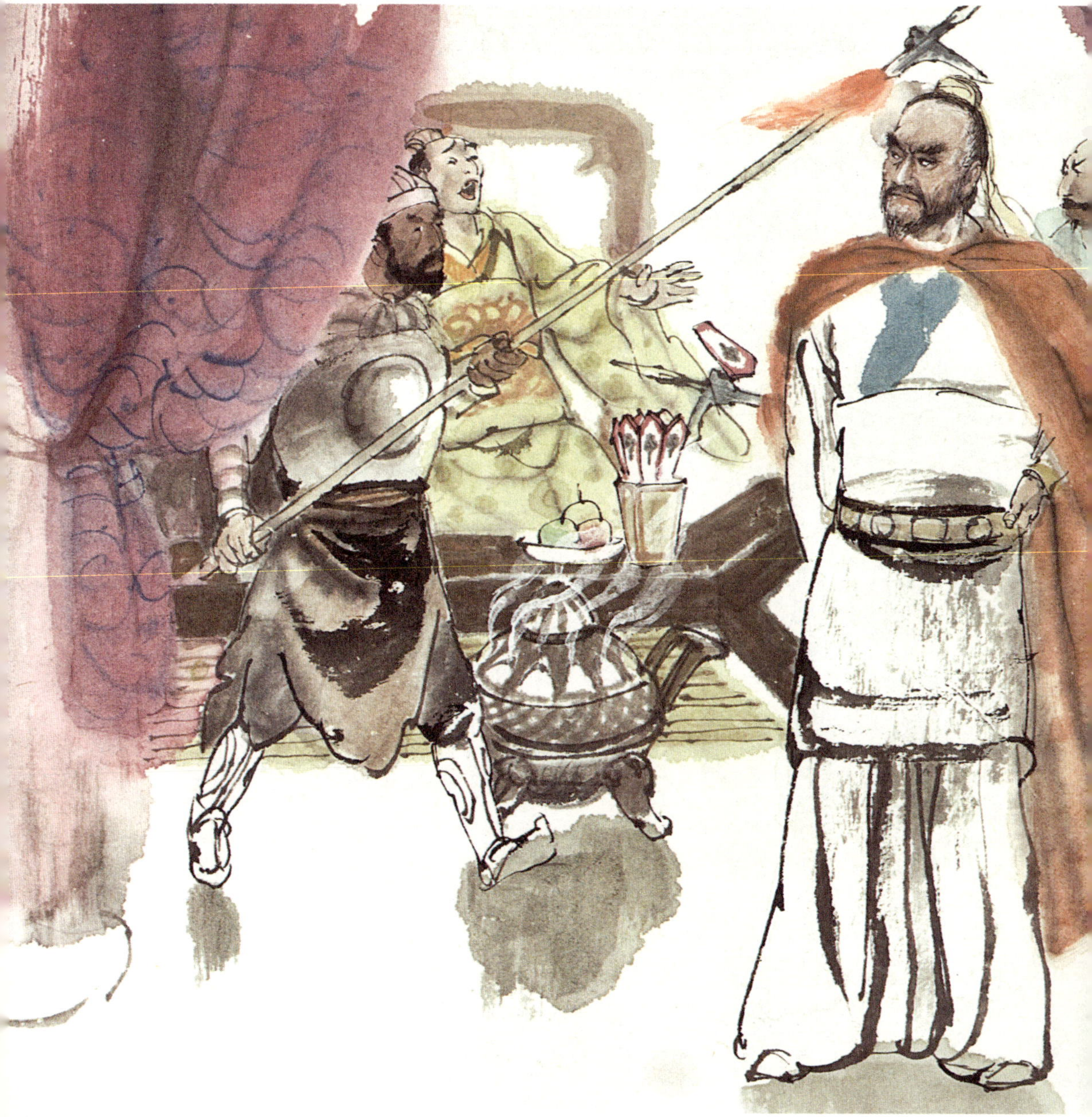

宋昭公时,
墨子做了宋国的大夫,
很受宋国国君的器重。
当时,
宋国有一个叫皇喜的人弑君自立,
执掌了宋国的政权。
虽然皇喜集大权于一身,
但还是担心自己受到非议,
更是时常防备着墨子。
终于,
他找了一个理由,
把墨子囚禁了起来。

兼之为道也义正,
别之为道也力正。
《墨子·天志下》

后来,
宋国铲除了皇喜,
皇室重新掌握了政权,
墨子也被放了出来。
墨子虽然遭受了种种挫折,
但对他自己所追寻的目标始终没有失去信心,
依然传道授业不止。

名不可简而成也，誉不可巧而立也。君子以身戴行者也。　　《墨子·修身》

墨子晚年除了为弟子讲学之外，
仍然抓住一切机会宣扬他的主张。
墨子有很多弟子，
如禽滑釐、高何、县子硕（又作"县子石"）、公尚过等，
他们都非常受墨子器重，
并能单独到各国去传道，
而且颇受各国尊重。

今用义为政于国家，人民必众，刑政必治，社稷必安。

《墨子·耕柱》

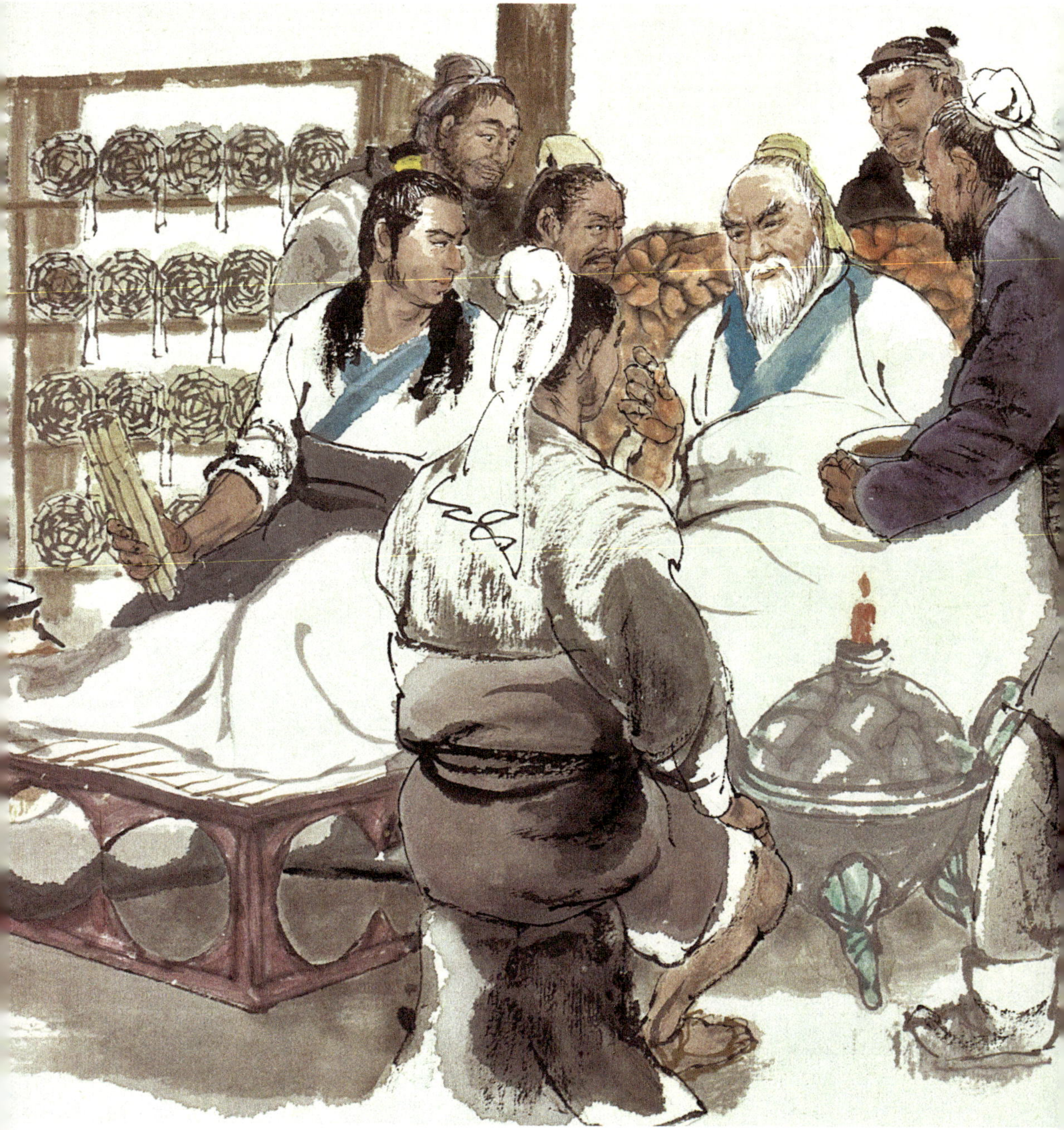

墨子在生命最后的日子里，
仍不断嘱托弟子们要为道义坚持下去，
不能因为一时的挫折而放弃。
面对纷乱的时局，
墨子不禁长叹，
最后，
在环顾了他的弟子后，
带着满心的遗憾离开了人间。

君子力事日强，愿欲日逾，
设壮日盛。君子之道也，
贫则见廉，富则见义，
生则见爱，死则见哀。

《墨子·修身》

墨子出身于下层平民,
他在艰难的处境中,
饱尝了生活的艰辛,
所以,他的思想中包含了有关生活实用技巧的内容,
如物理、数学、机械制造等,
墨家学说在当时与儒家学说并称"显学"。
墨家弟子崇尚节俭,摒弃烦琐的礼节,
这种思想很符合当时下层平民的需求。

墨子在几何学、光学、力学、运动学等方面都取得了出色的成果。特别是《墨经》中有关光学问题的记载，比较系统地说明了光与影的关系、小孔成像及各种镜面反射成像的问题。

墨子去世后，
他所创立的墨家学派分裂为三派：
相里氏、相夫氏、邓陵氏，
这三家都自认为得到了墨子的真传。
随着时代的变迁，
墨家在分裂中失去了以往的辉煌，
逐渐消失在历史长河中。
但是，
墨子不断追寻真理、坚持不懈的精神，
以及他所创立的墨家思想，
却在历史上永远地留下了辉煌的一页。

《韩非子·显学》记载："自墨子之死也，有相里氏之墨，有相夫氏之墨，有邓陵氏之墨。故孔、墨之后，儒分为八，墨离为三。"

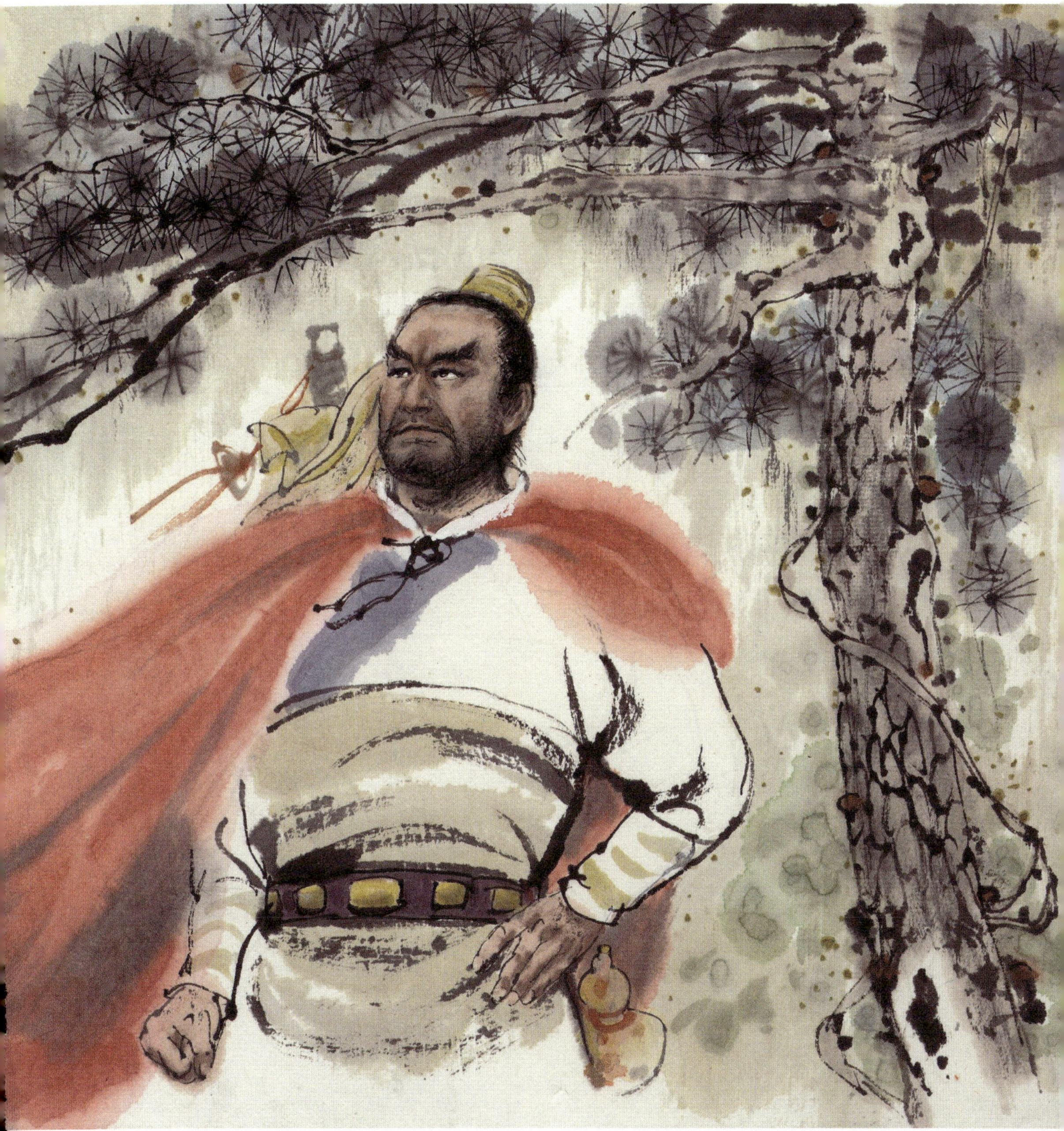